LE

RACHAT DU TERRITOIRE

ÉTUDE SUR LES IMPOTS

PAR

M. CH. DE LAVAL D'ARLEMPDE

ROANNE, IMPRIMERIE CHORGNON

Mars 1872

Donnez-moi de bonnes finances,
je vous ferai de la bonne politique.

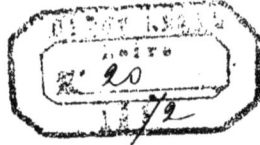

LE
RACHAT DU TERRITOIRE

ÉTUDE SUR LES IMPOTS

S'il est une question digne d'occuper toutes les intelli-
gences, c'est à coup sûr celle qui agite tous les esprits
dans ce moment. Cette idée résume deux préoccupations
bien faites pour solliciter l'ardeur du patriotisme public : le
rachat du territoire d'une part, la création d'impôts, ou
trouver d'autre part les sommes nécessaires à l'acquittement
des intérêts exigés pour le service des revenus d'un budget
aussi monstrueux que le nôtre et chaque jour grossi par
de nouveaux emprunts absorbés d'avance pour le solde de
notre dette formidable.

Où puiser, sans tarir les sources de la production et de la
fécondité qui en découlent, les sommes nécessaires? Là est
tout le problème. Si vous retirez l'argent de la ferme et de
l'atelier, n'atteindrez-vous pas ainsi le travail? Le travail,
c'est là la richesse publique, seule capable de donner les
biens utiles, pour amortir et combler les vides d'un pareil

déficit. Il faut donc, pour accroître la richesse de tous, encourager le producteur, le travailleur et non pas les entraver.

« Laissez faire, laissez passer, » ont dit les Quesnay et les Gournay. C'est-à-dire, laissez à tout le monde le droit de fabriquer ce qu'il veut et comme il veut, et vendre toutes sortes de marchandises au prix qu'il lui convient et qu'il peut. Le laissez-passer et le laissez-faire, voilà donc les véritables moyens de prévenir les disettes, d'accroître la richesse publique, d'empêcher même les révolutions en facilitant aux classes populaires la possession des objets première nécessité, utiles pour leur consommation journalière, à des prix de revient relativement inférieurs, et enlever ainsi tous prétextes aux grèves qui signalent leurs débuts.

Telle est l'école dont je suis les préceptes, et qui s'oppose par conséquent au renchérissement des matières premières comme portant atteinte au crédit dont a besoin tout commerçant aux débuts de sa carrière. Elle répudie par le même motif tous les moyens qui tendent à entraver la libre circulation du capital servant d'échange à l'acquisition des denrées employées dans chaque commerce ; car le renchérissement n'a qu'un but, de favoriser le monopole, et celui-ci laisse invariablement le marché aux plus riches négociants en détriment de la masse.

Que le commerce ainsi fait soit plus sûr, sans doute, mais en supprimant l'aléa du marché d'un côté, il l'augmente d'un autre en facilitant l'augmentation des denrées, en les mettant aux mains du petit nombre ; il autorise l'accroissement de la valeur de chaque objet, livrant ainsi le consommateur à la merci du producteur.

C'est donc la coopération volontaire de chacun dans le travail général qui est seule appelée à modifier cet état de gêne dans lequel nous sommes momentanément engagés, ou autrement dit la concurrence qui ramènera l'équilibre et rendra seule possible l'abaissement du taux de l'intérêt.

C'est un principe de vieille date que la demande amène l'offre, et l'offre l'abaissement de la valeur ; partant les capitaux seront d'autant moins chers qu'ils seront plus nombreux, aussi vit-on un de nos plus grands financiers, dont le nom est à juste titre resté populaire, Turgot, passer sa vie à chercher les moyens d'abaisser le prix de l'argent, l'intérêt. « Convaincu, disait-il, que la baisse de l'intérêt de l'argent, c'est la mer qui se retire à sec des plages que le travail de l'homme peut féconder. »

Il faut remonter aux époques les plus désastreuses de notre histoire, pour voir la suppression de la liberté du commerce. En parlant de la révolution de 93, un auteur célèbre écrit les lignes suivantes : « On porta les lois les plus sévères contre les agioteurs et les accapareurs, ainsi la liberté commerciale était supprimée. En même temps qu'elle supprimait le commerce intérieur, la Convention renouvelait à l'égard du commerce extérieur les anciennes prohibitions. Robespierre régnait alors et sa domination caractérise spécialement cette époque, qu'on est convenu d'appeler la Terreur ; il n'y eut plus dès lors de libertés individuelles, comme il n'y eut plus de libertés commerciales, attendu qu'elles sont étroitement liées entre elles. »

Que de projets pourtant ont déjà vu le jour, parmi ceux qui sont destinés à dégrever la situation. Il faut les partager en diverses catégories. Les uns consistent en l'application de procédés purement philantropiques, mais dont l'emploi ne doit pas cesser d'être salutaire, s'ils ne sont complétement efficaces ; de ce nombre sont les souscriptions publiques, dont le but, quoique incomplétement atteint, aura toujours pour résultat de dégrever d'une somme égale à leurs produits le total de nos charges.

Un second projet est celui d'un loterie nationale ouverte dans le but d'appeler les capitaux du monde entier à concourir au rachat de notre territoire, par l'appât d'un gain énorme à réaliser sur les chances favorables de la sortie d'un numéro heureux. Je dirai de ce second ce que je disais du premier, admettant qu'on n'obtînt pas entièrement le but désiré, les sommes ainsi perçues viendront toujours en déduction du total général de notre énorme budget.

Parmi les nombreux procédés qui s'adressent aux sentiments généreux, il en est un qui mérite peut-être une plus sérieuse attention, bien que l'impossibilité de le conduire à bonne fin le relègue du moins, en le soumettant à la sanction de la raison publique, dans le domaine idéal des chimères. Je veux parler de ce projet qui repose sur la vente de l'argenterie et des bijoux de famille.

Certes, si le patriotisme était assez ardent, je m'écrierais avec beaucoup d'autres : « Vendons tout notre or, notre argenterie, tous nos bijoux de famille, toute notre fortune en métaux précieux enfin, sacrifions tous les objets frivoles de nos besoins et de notre tendresse, tous les souvenirs de notre cœur, pour sauver la patrie ! » Mais une pareille mesure tient à cette catégorie de moyens héroïques, que j'appellerais les finances sentimentales. Et, par malheur, qui ne le sait par expérience, le sentiment n'est pas le caractère distinctif des finances; on retombe avec elle loin du règne de l'idéal dans celui de la réalité, et loin de séduire le cœur en pareille matière, il faut surtout toucher la raison, c'est le but que je vais m'efforcer d'atteindre, si ces quelques lignes ont pu intéresser le lecteur.

Bien que le projet dût donner de bons résultats, car il ne ne donnerait pas moins de 1,500 millions, il n'en n'est pas moins relégué au nombre de ceux qu'on peut employer et dont nul ne peut conseiller l'emploi. Les moyens exceptionnels ne s'adressant qu'au petit nombre doivent être d'exécution volontaire, mais ne sauraient être imposés sans préjudice pour la liberté; comme sacrifice, ils laissent alors des droits à l'admiration, à l'estime publique envers leurs auteurs, sentiments sur lesquels tout fondement est trop incertain pour en encourager la pratique. Mais, sans compter sur la reconnaissance de ceux auxquels il serait profitable directement, chacun de ceux qui aurait la force de l'accomplir trouverait une consolation de cet acte spontané dans cette pensée, que c'est autant de dépensé au profit de la fortune publique et que les Prussiens ne trouveront pas au retour. Car, croyez-le bien, ils ont trouvé une Californie trop abondante, une proie trop facile pour la satisfaction de leur cupidité, pour les croire éloignés à jamais.

J'en ai fini avec l'exposé des projets que j'appellerai héroïques, je me hâte d'en arriver à celui des procédés économiques, me réservant les développements des moyens financiers pour la dernière partie du travail.

Le chapitre des réformes économiques n'est pas le moins long, ni le moins productif, mais comment se bercer de l'espoir, en les indiquant, de ramener les Français loin des règles de la routine à une direction meilleure : c'est là la question. Je parlerai avec franchise ; votre sentence, en prononçant sur la valeur de mon opinion, ne doit laisser planer aucun soupçon sur mes intentions. Sauver la France, voilà mon but ; lui rendre sa splendeur et sa gloire passées, c'est mon rêve.

Attaquons donc franchement et résolùment les abus et, la sape à la main, taillons avec franchise dans ce dédale immense.

Une première réforme, dont vous apprécierez l'importance, je l'espère, se fonde sur la suppression des biens de mainmorte.

Je demande la vente des biens de l'Etat pour racheter une partie de la dette française ; le produit résultant de ces contrats divers donnerait, d'après des calculs déjà faits, 500 millions. On m'objectera que ces propriétés sont la garantie de la dette publique, garantie dérisoire qui fait reposer l'hypothèque d'une valeur vingt fois supérieure sur une valeur vingt fois moindre, comme si tous les Français n'étaient pas solidaires de la dette commune. Outre que tous les biens mainmortables sont reconnus, par leur nature même, moins productifs que les autres, comment, si une propriété, d'égale étendue rapporte à peine 3 °/₀ à son acquéreur l'administrant lui-même, penser procurer les mêmes avantages à l'Etat qui emploie à la gestion de ces immeubles une administration considérable.

L'administration forestière n'emploie pas en effet moins de 10,000 gardes forestiers, 35 conservateurs, sans compter les gardes généraux, leurs adjoints, toute une section du ministère, dont la dépense totale varie entre 10 et 12 millions.

Il faut en outre bien observer que ces biens ne sont frappés d'aucun impôt de transmission soit qu'ils appartiennent à l'Etat, aux communes et aux congrégations, pendant que les propriétés allodiales sont atteintes de charges telles que leur prix est presque doublé à la troisième génération, tant par les impôts que par l'acquittement des droits de succession. Aussi trouverais-je équitable de voir les communaux mis en vente (1), ainsi que toutes les propriétés appartenant aux communautés et congrégations quelconques, pour en consolider le capital en rentes sur l'Etat.

Patroner un autre état que celui de la famille ou de la propriété, c'est protéger le communisme, c'est-à-dire un ordre de choses destructeur de toute moralité en dehors des décrets de la Providence.

Voici, du reste, sur la matière que je traite, un aperçu emprunté à l'un de nos meilleurs écrivains, et qui fera mieux apprécier la valeur de mes arguments; en parlant des biens de mainmorte et de la législation passée, il dit : « Ce

(1) Les communes ne possèdent pas moins de 2 millions et demi d'hectares, dont le produit annuel est de 1 milliard 600 millions, le tiers étant encore en friches, marais et landes.

qui constituait essentiellement la mainmorte, c'est la privation du droit de disposer librement de son bien; celui qui n'avait pas la faculté, soit d'aller où il voulait, soit de donner, de vendre, de léguer et transmettre ses meubles et immeubles comme bon lui semblait, était dit homme de mainmorte. Ce nom apparemment choisi, parce que la main, considérée comme le symbole de la puissance et l'instrument de la donation, était chez le serf privée de mouvement, paralysée, frappée de mort; c'est encore dans le même sens qu'on appelait les gens de mainmorte les gens d'Eglise, parce qu'il leur était également interdit de disposer, soit de leur vivant, soit par testament, de ce qui leur appartenait, du moins au-delà d'une certaine somme. »

Cet exposé suffit pour faire comprendre au lecteur la valeur de ces biens. Comment se fait-il qu'au siècle où nous sommes de pareilles propriétés puissent exister, quand la famille, qui devrait être protégée parce qu'elle est la base morale des Etats, reste seule accablée de toutes les charges; pendant qu'un bien qui n'appartient à personne ou à tous, ou bien à quelques-uns seulement, reste entaché de privilége; quand la propriété n'ayant pas la famille pour excuse devrait être au contraire grevée d'un impôt de succession au décès de chacun des copartageants, puisque cette possession est un simple privilége, et que c'est l'abus qu'il faut atteindre.

Eh bien, en consolidant la somme produite par ces ventes en rentes sur l'Etat, toute action cesserait contre les biens de cette nature. Si l'on pense que les biens des communes sont plus considérables encore que ceux de l'Etat, si l'on sait que les biens des communautés excèdent ceux des communes, ce sera facile d'apprécier à quelle valeur réelle se monte la perte de l'Etat sur le seul droit des successions, et que cette illégalité se commet aux dépens de la famille, dont les droits sont seuls sacrés, et qui est la seule excuse de l'héritage.

La réalisation de cette idée ne donnerait pas moins de 2,500 millions à 3 milliards, dont l'emploi serait utilisé à payer les dettes de bon nombre de communes ou à consolider une valeur considérable enlevée par ce fait à l'aléa du marché.

Mais là ne s'arrêtent pas les économies réalisables, nous sommes à peine entrés dans le programme réalisable. Un autre projet, destiné avec divers autres à compléter la série des réformes salutaires au soulagement de la dette, consisterait dans la suppression des receveurs généraux et particuliers, dont la position pourrait être avantageusement remplacée par une banque chargée d'opérer les rentrées des percepteurs pour le compte de l'Etat, avec les priviléges des receveurs généraux. L'introduction de cette réforme aurait le double but d'abaisser, dans toutes les localités bénéficiaires de son installation, le taux de l'intérêt et de faciliter, par ce résultat, les transactions commerciales et les travaux de la terre, et de multiplier ainsi les ressources du travail.

L'économie résultante de progrès ne serait pas inférieure à la somme de 20 millions. Celle-ci pourrait devenir supérieure encore, par la responsabilité des banques chargées des recouvrements, n'employant que des gens à traitement fixe, mais le profit serait, selon moi du moins, si minime que je me contente de le mentionner seulement.

Vient en troisième ordre la suppression des sous-préfets déjà demandée ; mis en question, ce projet, outre qu'il serait le plus souvent un bienfait, donnerait par la suppression de 362 sous-préfets plus d'un million d'économie. La suppression des préfets, facilement remplacés par des généraux de division, en mettant le pouvoir exécutif aux mains du pouvoir administratif, outre l'économie au point de vue des finances, aurait l'avantage de multiplier la rapidité des affaires en simplifiant le rouage administratif; elle réaliserait une économie d'environ 3 millions.

Mais la plus grande de toutes les réformes de ce genre est celle qui consiste dans la réforme judiciaire, la suppression de tous nos tribunaux, avoués, avocats, notaires, qui n'absorbent pas moins à la propriété de 500 millions, et aux plus minimes conditions. En dehors de tous les frais de procédure absorbés par la part de l'Etat, 9602 notaires ne prélevent guère moins de 150 à 200 millions sur le domaine allodial, contrats de ventes, mariages, testaments ou autres actes, dont le nombre n'est pas inférieur à douze ou quinze cent mille, pendant qu'un nombre à peu près égal de receveurs d'enregistrement restent peu rétribués, sans occupation, et pourraient remplir avantageusement les mêmes fonctions, au profit de la société, ne prélevant qu'une moitié seulement ou même la totalité de la somme attribuée aux notaires et opérant la perception de tous ces frais au profit du trésor. Cette opération, loin d'aggraver la situation du propriétaire, viendrait en dégrèvement de la dépense actuelle, et aurait pour effet, avec la réforme que je vais signaler dans la suite de ce projet, de laisser à la terre des sommes énormes dont l'agriculture a besoin pour son libre développement, dont on ne remplacera jamais l'emploi même à l'aide de banques à crédits longs et contractés à bon marché. A quelque prix qu'opère un emprunt l'agriculteur, ce lui est toujours un procédé qui aboutit à sa ruine. Cette réforme aurait encore pour résultat d'empêcher ces nombreux procès dont la mauvaise rédaction de tous ces actes est l'origine, en mettant la responsabilité des parties sous la couverture d'un acte dont le libellé serait accepté par l'Etat, sauf une colonne d'observations pour les clauses particulières.

L'observation que je fais ici n'empêcherait pas chaque citoyen d'employer une voie différente de celle-ci ; mais ce serait toujours aux risques et périls de celui qui repousserait la traduction des actes de l'État, et s'exposerait à payer la possession de cet acte d'un prix double et sous sa responsabilité propre.

Enfin, pourquoi la société confierait-elle sa direction à l'onéreuse administration d'une magistrature inamovible surtout, flanquée de cette troupe parasite d'avoués et d'avocats dont l'existence ne peut être qu'à la condition de spéculer sur les zizanies savamment entretenues entre les particuliers? L'économie de tous ces systèmes de tribunaux d'instance et d'appel ne coûte pas moins de 7 millions : 2500 magistrats de tribunaux ordinaires, 950 de cour d'appel, sans compter les greffiers, les employés inférieurs et les ministères enfin.

Pour le nombre des causes qui se plaident en France et se montent à dix-huit cent mille ou à deux millions, les avoués absorbent à eux seuls 150 millions au minimum, pour leurs frais personnels de procédure. Si nous comparons les bénéfices de l'avocat avec ceux-ci, nous voyons que, presque dans la majeure partie des cas, les frais d'avocat doublent ceux-ci, quand ils ne dépassent de beaucoup même le doublement de ces sommes.

En face d'abus pareils, qui mettent la plus grande partie de la population à la merci du petit nombre, qu'y a-t-il donc d'étonnant que je vienne demander une réforme radicale, un système de gouvernement employé dans tous les pays libres, la gestion des affaires concernant la propriété par les conseils municipaux, d'arrondissement et les conseils généraux en dernier ressort? Ainsi, en Suède, les villes ont deux maires : l'un chargé de l'administration de la justice, l'autre de l'administration civile ; la même chose se voit en Norwége et en Danemark.

La justice est née du sillon, a dit Confucius. Cérès a rapproché à Athènes et à Thèbes les hommes et fait les lois ; les peuples agricoles sont réputés par leur patience, leur bonté et leur droiture, plus propres à la justice. Ajoutons que la connaissance intime des choses agricoles les

met plus à même d'apprécier un dommage et de le juger
par intérêt même avec plus de connaissance et d'impar-
tialité ; le juge d'aujourd'hui pouvant être jugé demain
met toujours sa conscience à l'abri de tout reproche par
crainte de représailles. L'histoire nous montre en effet dès
longtemps cette pratique heureusement mise en vigueur.
Les Visigoths se faisaient juger par leurs *scabini*, échevins,
et même par des hommes libres (rachimbourgs). Les
capitulaires de Charlemagne (855) nous montrent des
juridictions intermédiaires ou arbitrages exercés par les
vicini, voisins, sans l'assistance de juges, et dont l'arrêt
était également obligatoire. Aussi, voyons-nous Philippe
le Bel encourager les justices urbaines et municipales se
renouvelant par l'élection. L'élection était l'antidote
opposé à la force qui avait gouverné jusqu'alors. Les
choses durèrent ainsi jusqu'à ce que le pouvoir eût acheté
les consciences de la bourgeoisie pour la plier, par des
concessions qui flattaient plus sa vanité qu'elles n'agran-
dissaient son pouvoir, et l'obliger ainsi à servir ses caprices
et sa soif de domination.

Mais, quand on y réfléchit sérieusement, il est évident
que, si la nation n'intervient pas dans l'élection de ses
magistrats, toute affaire de justice est remise à l'arbitrage
suprême, et par conséquent au caprice du monarque ou
des magistrats représentant son autorité. Du reste, cette
opinion ne m'est pas personnelle ; un des plus grands
orateurs de notre époque a, sur ce sujet, prononcé les
paroles suivantes que je me plais à rapporter ici, pour
donner plus de poids à ma cause : « L'histoire nous
apprend que les peuples libres ont confié le pouvoir à des
magistrats nommés pour peu de temps, c'est ce qui entre-
tient la vie publique et écarte les influences et les abus. »
Et il ajoutait plus loin, dans le même discours : « Je crois
pouvoir affirmer que, sous le rapport des lumières, les
magistrats présenteront d'autant plus de garanties qu'ils

seront choisis par'ceux qu'ils doivent gouverner. Ceux-ci,
en effet, n'ayant pas d'autres intérêts que la justice à
pratiquer, et non ceux d'un certain gouvernement dont
le salaire achète plus ou moins leurs consciences, se
sentent plus complétement en face seulement d'un devoir
à accomplir ; pendant que les autres sont souvent obligés
de violer la loi, par obéissance à des influences supérieures
dont ils dépendent, sans penser qu'aucun ne peut violer
impunément une loi morale. Qu'ils s'attendent un jour à
voir le peuple entier les briser toutes sur lui-même ; car
une loi qui ne serait que l'expression de l'étendue et de la
limite des devoirs des citoyens envers l'État ou les per-
sonnes, sans tenir compte des droits des individus, ne
serait pas une loi, le fait de la loi étant surtout de régler
les rapports de nos droits et de nos devoirs, de notre liberté
enfin et de nos obligations ; il est parfaitement clair pour
chacun qu'un homme n'a de devoirs qu'autant qu'il a de
droits, qu'ôtés les uns, les autres cessent d'exister, qu'en
dehors de cette vérité il ne reste plus qu'une tyrannie
qui subordonne tout citoyen à ses fantaisies arbitraires, état fort bien dépeint par l'esclavage antique. Il
n'est nul besoin de démontrer que, désormais, l'arbitraire
ne saurait entrer dans la direction des affaires temporelles
de la société, et pourtant c'est l'état de choses que semble
perpétuer notre ardent désir de centralisation.

Qu'est-ce, en effet, autre chose que le régime centrali-
sateur dont nous sommes épris, sinon l'absorption par
l'État de toute vie individuelle ? En mettant le pouvoir
entre peu de mains, elle laisse le reste sans vie ; elle fait
ainsi ressembler les Français à ces sauvages qui attendent
tout de leur manitou et qui le brisent dès la première
déception. Ainsi donc, l'unité qui se fonde de cette
manière donne bien à l'ensemble des sujets qui acceptent
l'uniformité et l'égalité apparentes ; mais l'un et l'autre de
ces avantages disparaissent dans la servitude publique, au

profit du petit nombre qui gouverne et qu'elle érige facilement en despotes, car elle soumet à leur puissance la
saine appréciation des principes qui sont l'ordre dans
l'humanité, la liberté, l'ordre mutuel et la fraternité. Dès
lors, l'idéal qui se forme à l'instar de leur jugement de-
vient l'amour de l'or. Aussi, dans les époques où ce régime
domine, devient-il un élément de. dégénérescence et de
décadence, il amène fatalement la démoralisation publique, par la perspective qu'il met aux yeux du vulgaire
d'une nation divisée en fonctionnaires inviolables, de
solliciteurs ardents à la curée des places, sacrifiant souvent ce qu'ils ont de plus précieux pour parvenir à leur
but en face d'administrés indifférents à la chose publique.

Un tel état de choses est gros de révolutions ; c'est pour
prévenir le retour des révolutions dont il est chargé que je
propose de revenir, par l'association de tous, au maniement
des affaires publiques, parce que ce moyen est un pré-
servatif, et qu'il remet à chacun le libre exercice de ses
droits, et que, partant, il reste évident que, devant contri-
buer de son mieux au bien universel, chacun se verra
forcé, pour atteindre à la hauteur de sa mission, de com-
biner avec l'observation l'étude des intérêts communs de
tous et de chacun, afin de se former un jugement moral,
plus ou moins vrai, général ou particulier. Il se dira que
la justice est la vertu par laquelle nous attribuons à chacun
ce qui lui revient, et que la magistrature n'étant que
l'instrument nécessaire à l'application de la loi, tout
homme naît naturellement magistrat. Il en acquerra
forcément les mérites, si le besoin du pays le met dans
l'obligation de le faire.

Pourrait-on croire qu'une époque de nivellement, comme
celle dont nous nous efforçons d'atteindre le prototype,
repousse un pareil système, propre surtout aux rappro-
chements de chaque membre de la même famille, en
facilitant notre besoin d'émancipation ?

Avec la magistrature disparaîtra naturellement le cortége d'avoués qui l'accompagne. Quant aux avocats qui sont la lèpre de notre temps, un moyen facile de les rendre inutiles sera tout simplement de n'admettre que des experts devant les tribunaux municipaux, et de faire plaider les causes, devant les conseils généraux, par des jeunes gens attachés aux conseils en permanence qui viennent d'être institués, avec mission d'instruire les procès et de les plaider eux-mêmes, moyennant un traitement annuel. Ce moyen aura le double but de ne pas perpétuer les procès, car ne seront admis à plaider que les intéressés inconciliables qui ne voudront pas se rendre à l'évidence de leur tort, les avocats ayant avec ce système fort peu d'intérêt à exciter les clients les uns contre les autres, et n'ayant pas à en retirer de profits personnels, à peine de dégradation et l'infliction d'amendes très-dures au profit du trésor. Le jugement prononcé entraînerait le payement d'une amende, comprenant tous les frais de procédure aux seuls dépens du perdant, au profit de la commune et du département.

Les causes de police correctionnelle seraient déférées aux juges de paix appelés à en connaître, à les juger avec un jury pris dans le canton sur le lieu du délit, nommé annuellement ou plus, et plaidées par des assesseurs ou substituts à appointements fixes, au nombre de deux ou quatre au plus.

Les crimes de cour d'assises seraient plaidés par des substituts de procureurs de haute justice faisant fonctions de président et centralisant les archives de l'administration judiciaire très-simplifiée par ces moyens; les uns et les autres remplissant les mêmes fonctions indiquées précédemment.

Mais ces économies ne sont pas les seules que j'aie à signaler. Il serait facile de réduire l'armée active de plus de cent mille hommes suivant l'urgence, et pendant la durée de temps nécessitée par les charges du budget. Mais comme il faudrait pour, remplacer cette quantité d'hommes sous les armes, utiles à la sécurité publique, créer une nouvelle milice, je propose de charger les communes de l'entretien d'un petit corps détaché de gendarmerie composé des 38,000 gardes champêtres, auxquels on adjoindrait les 10,000 gardes forestiers, en en augmentant de deux fois au moins le nombre. Le doublement de cette quantité donnerait un effectif de gendarmes pris parmi les membres des familles honnêtes et laborieuses du pays ; ils seraient rétribués pendant la durée de leur service, se relevant de quinze en quinze jours ou de mois en mois. Ces officiers de paix, pris parmi les anciens soldats de quarante ans révolus, seraient préposés au même rôle que la gendarmerie actuelle, de plus à l'entretien des pompes à incendie dans chaque localité, et chargés de veiller à l'entretien des armes des gardes mobiles de la commune, comme aussi à l'exécution des exercices de ces troupes dues à la réorganisation nouvelle, de veiller à ce que chaque membre de la réserve fasse acte de présence dans son corps. Ces bataillons embrigadés seraient munis de cadres nommés par le ministre de la guerre.

Je ne reviendrai pas sur l'idée des colonies militaires que j'ai développée ailleurs comme devant être très-productive à l'État, sans une seule occasion de dépense. Il reste aux juges compétents à apprécier la valeur de ces idées, que je crois d'autant plus pratiques que j'ai découvert n'avoir pas le monopole de l'invention, attendu qu'elles avaient été émises avant moi par des hommes plus pratiques, et notamment par notre éminent général Bugeaud ; il les envisageait avec une certaine faveur et comme destinées, selon lui, à développer la richesse de notre colonie au profit du trésor de la métropole.

Je crois qu'il serait aisé de joindre à ces réformes militaires la suivante. Elle consisterait à payer avec des domaines territoriaux, largement distribués, les pensions de tous ceux qui seraient assez valides pour se livrer aux travaux agricoles ; ils auraient naturellement la faculté de transmettre à leurs descendants une fortune qui leur aurait été donnée comme une récompense due à leurs loyaux services et qu'ils auraient assurément augmentée par leur intelligence et leur labeur.

Après avoir démontré que le produit de ces économies radicales s'élèverait à plus de 2 milliards, sans avoir compris dans ce nombre la suppression de tout traitement du corps législatif, on est tout naturellement conduit à rechercher les derniers modes d'exonération. Il reste encore l'emploi de deux derniers moyens pour éteindre la dette et dégrever le budget : les expédients financiers d'une part, et les impôts de l'autre.

Du nombre des premiers nous éliminerons les obligations remboursables sans intérêts et sans primes, pendant le délai d'un nombre d'annuités de trente à soixante ans, comme étant des moyens trop héroïques, sans précédents.

Je ne m'arrêterai pas davantage à discuter le système d'obligations remboursables en une durée de temps aussi considérable, avec ou sans intérêts, mais avec primes et avec lots. Je ne crois pas que l'État, qui ne reconnaît pas la liberté des jeux, dont l'existence ne serait qu'un profit pour lui, puisse donner l'exemple d'un vice qu'il réprouve, dont l'introduction dans le régime financier serait encore plus immoral et dangereux que productif et salutaire.

Nul ne saurait se dissimuler pourtant que cette succession indéfinie d'emprunts ne cache un abîme plus ou moins profond, plus ou moins éloigné; j'ai nommé la banqueroute. Aux grands maux donc les grands remèdes, et voyons si ce n'est pas le cas ici d'appliquer la méthode extrême des créanciers d'un banquier failli, pour tirer le meilleur parti de l'abandon du failli. Voici donc en quoi consiste ce procédé. Il s'agit de partager, d'émettre une

quantité d'obligations proportionnelle aux biens abandonnés, puis de rembourser les plus pressés à l'aide d'un
tirage au sort et par catégorie, avec un service d'intérêts
relatif à la durée de temps qu'elles sont restées impro-
ductives entre les mains de leurs possesseurs.

Les biens abandonnés par l'État sont, outre les titres de
rente connus sur le marché, toutes les dépenses signalées
plus haut, et que le créancier peut supprimer en grande
partie; enfin le produit de nos perceptions. La situation,
étant ainsi définie, il faudrait partager la dette totale en un
nombre d'obligations soldant la totalité de la dette, et im-
mobiliser par ce moyen la créance tout entière entre les
mains de tous les imposables, en une quantité proportionnelle à la fortune de chacun.

Ce projet présente le double but de sauver notre dignité
nationale en nous empêchant de recourir aux capitaux étrangers par un emprunt, et nos intérêts en nous empêchant
d'en contracter à un taux trop élevé, soit de 7 % ou plus.

Pour atteindre ce résultat, je vais donc d'abord détailler
la fortune publique de la France, et essayer de reproduire
ce tableau dans les lignes suivantes.

Ainsi, par exemple, la valeur de la propriété foncière en
France est estimée à 96 milliards 282 millions ; le revenu,
à 3 milliards et demi.

La production agricole dans son ensemble, bois, prairies,
céréales, bestiaux, est estimée à 15 milliards 637 millions
368,151 francs.

La production industrielle est évaluée à plus de 9 milliards.

Le capital des chemins de fer, actions et obligations est
représenté par plus de 6 milliards et demi.

D'après ces données, le capital de la propriété mobilière
et immobilière en France dépasse la somme de 137 milliards, et le seul chiffre des transactions commerciales est
estimé à plus de 150 milliards. Le seul chiffre des encais-

sements opérés par la Banque de France, seulement sur le tiers de nos départements, donne 37 milliards ; en le triplant on a une approximation sans doute inférieure de 110 milliards pour la totalité des sommes encaissées dans tout le territoire national.

En basant l'opération sur le taux du revenu ordinaire de 5 °/₀, on trouve qu'en sacrifiant une année de revenu, sans nul service d'intérêt de la part du trésor, il serait facile d'amortir la dette publique en moins de 25 ans, avec une seule prime représentant l'intérêt de chaque somme à la sortie des obligations, par voie de tirage au sort et par nature de séries. Je parle du rachat de l'ensemble de la dette se montant à 20 milliards.

Je m'explique : il s'agit de fondre les deux dettes ensemble et de ne délivrer qu'un seul et même titre à chaque propriétaire et négociant, représentant le 5 °/₀ de la fortune mobilière et immobilière de chacun ou le revenu d'un an capitalisé, ce qui pourrait se faire par la création d'un nombre d'obligations représentant la dette consolidée en un revenu de 8 milliards 750 millions.

En second lieu, créer une quantité d'obligations assez considérable pour représenter l'intérêt annuel de 5 °/₀ de toutes les transactions commerciales s'élevant au total général de 150 milliards, donnant ainsi en plus une série de billets ou mandats équivalant à la somme de 9 milliards 500 millions, montant des intérêts dudit capital susénoncé.

Si vous créez en plus un nombre suffisant de titres représentant l'intérêt annuel de 3 °/₀ de la somme des encaissements, dont le recouvrement s'élève annuellement à la somme de 110 milliards, vous obtenez encore un nombre de titres suffisants, égal à la somme de 3 milliards 300,000 francs, montant de ces intérêts.

On obtient avec ces sommes accumulées un total général de plus de 19 milliards et demi représentant la presque totalité de la dette. La pratique de tous les procédés susénoncés, dont beaucoup dépasseraient peut-être nos espérances, donnerait des sommes assez considérables pour permettre de ne prélever sur chaque nature de revenu que 4 ou 3 % sur chacun, au lieu de 5 %. Elle assurerait même, en dehors de tout recours à des moyens nouveaux, la possibilité d'un remboursement complet à l'aide de l'amortissement annuel d'un milliard au moins produit de ces réformes.

Si je nourris pour ce projet une tendresse de père, c'est que je le trouve préférable à beaucoup d'autres, parce qu'il nous permet de racheter la dette sans recourir à une nouvelle émission de titres, c'est-à-dire à l'emploi de moyens non-seulement onéreux, mais capables d'amener une crise monétaire plus redoutable encore que la première. Son acceptation est, en outre, destinée à doubler la valeur des meubles et immeubles et opérations industrielles, en consolidant notre crédit national, et à assurer, mieux qu'à aucune époque, à la France le marché universel par excellence. Supposez, pour terminer l'exposé du projet, que, suspendant à l'aide de ce procédé tout payement d'intérêts, vous employiez alors, sur vos 2 milliards 500 millions de budget annuel, 1 milliard remboursable chaque année dans une durée quinquennale, avec 50 millions d'intérêts la première année, ainsi de suite avec une prime proportionnelle augmentant chaque année jusqu'à concurrence de 50 à 100 millions, de un à cinq ans; vous continuerez en remboursant 900 millions, avec une prime de 100 à 200 millions, de cinq à dix ans; 800 millions, avec une prime proportionnelle chaque année de 200 à 300 millions, de la dixième année à la quinzième année; 700 millions, à l'aide d'une prime proportionnelle de 300 à 400 millions, de quinze à vingt ans; 600 millions, avec une prime proportionnelle de 400 à 500 millions, de vingt à vingt-cinq ans.

Est-il douteux que les Prussiens acceptent notre papier? Alors, ce résultat obtenu, les voilà partis, sûrs de leur remboursement dans un délai de cinq ans; il est bien entendu qu'ils devront être les premiers désintéressés, s'ils le désirent, et vous n'aurez pas détourné un centime au commerce du pays, si vous avez eu la précaution de ne pas atténuer les libertés commerciales de la nation; en ne prélevant les intérêts que sur les économies annoncées et réalisées sur tous les services inutiles, vous aurez obtenu complet succès sans atteindre vos travaux publics, qui sont la richesse du pays, sans nuire au commerce et à l'agriculture, les plus puissantes sources de la richesse et du crédit national, vous aurez eu le mérite de leur enlever en plus les entraves qui gênent leur développement.

L'emploi des autres expédients financiers, auxquels celui-ci emprunte sa raison d'être de la nécessité même du moment, ne laissant pas de présenter des inconvénients, entre autres celui d'arrêter l'élan des affaires par la retraite forcée des capitaux, vous serez tenté d'accepter celui-ci, sans quoi il ne reste plus que la ressource des impôts. Et pour le remplacer et pour le compléter, ne peut-il pas s'accepter partiellement? Je le crois; en pareille matière qui peut le plus peut le moins.

Parmi les impôts, il y en a de dangereux, il y en a d'efficaces. Les dangereux sont ceux qui atteignent la consommation, ils gênent le crédit, empêchent les affaires et le libre exercice des facultés individuelles. Je passe sous silence toutes explications sur ce mode, les croyant inutiles, car vous ne les adopterez pas.

Mais il en est d'autres, tels que l'impôt sur le revenu, sur lesquels je veux m'arrêter un instant avant d'en arriver à l'énoncé des impôts salutaires et efficaces.

L'impôt sur le revenu est de deux sortes : l'impôt sur les factures ou l'impôt sur la dépense qui me paraît le plus juste et le mieux représenter l'idée que nous nous faisons de l'impôt, — et l'impôt sur le revenu individuel qui me paraît être une source d'erreurs incalculables. En tous cas, tous les deux présentent des dangers aussi grands l'un que l'autre pour la fortune publique, surtout dans un pays aussi remuant que le nôtre, et surtout si fortement ébranlé par les factions particulières plutôt que par la politique, dont la définition est, assez ordinairement, fort mal exploitée par les mauvaises passions des partis.

Il ne faut pas perdre de vue que l'impôt sur le revenu est de son essence essentiellement progressif. Ainsi, dans le cas où il serait établi sur les factures, il serait progressif au chiffre de la facture, à la nature de l'objet acheté, ou progressif au chiffre de la fortune dans l'autre cas. Eh bien, il y a là un danger public, c'est de laisser la ruine des individus à la merci d'une faction pouvant à son gré modifier le chiffre de la progression. Je le repousse.

Ne pourrait-on pas mettre un impôt, pour compléter la série de nos réformes, sur les testaments confiés au secrétariat des mairies sous un libellé donné par l'État ; sur les contrats de mariage passés à la mairie de chaque commune avec libellé adopté par l'État et restant déposé dans la maison de ville ? Ne pourrait-on pas imposer encore les contrats de vente ou d'échanges dorénavant passés par les receveurs de l'enregistrement sous la garantie d'un libellé de l'État variant avec les diverses formes acceptées par l'État ?

Ne pourrait-on pas prélever un impôt sur le divorce rétabli ?

Enfin, un impôt sur les jeux de rechef autorisés ? Que sont les opérations de bourse, sinon des jeux, et les plaisirs des courses, sinon des jeux ; les loteries permises, sinon des jeux ; les tripotages quotidiens sur la rente, sinon des jeux ; enfin, toutes nos transactions commerciales, sinon des jeux ? L'État permet les cartes dans tous les cercles où l'on joue, loin du regard de la police, où l'on admet des jeunes gens de dix-huit ans, et tout le monde a l'air d'ignorer qu'il n'existe pas un seul jeu de cartes qui ne soit biseauté. Chaque carte se reproduit en effet à l'aide d'un même moule un nombre indéfini de fois. Tous ces clichés sont-ils de la même grandeur ? non ! Et les cartomanistes le savent bien ; un d'entre eux me le faisait remarquer un jour, laissant devant moi des cartes de deux ou trois fabriques, il me disait : « Dans cette fabrique c'est l'as de cœur, par exemple, qui n'est pas aussi grand ; c'est telle autre carte dont le coin n'est pas coupé régulièrement, » etc. Enfin, adressez-vous au premier cartomaniste venu, il vous dira combien il est facile de faire le pont, qu'avec l'habitude des cartes mêmes, vous couperez invariablement sur le point la carte prévue. C'est-à-dire que de tous les jeux on éloigne le véritable, la roulette, le trente-et-quarante, parce qu'ils sont les seuls qui excluent les grecs en laissant toute la chance à l'imprévu. Pour exclure la permission sur les prétendus jeux de hasard, on livre les salons des jeux permis aux grecs eux-mêmes qui les exploitent à leur profit ; afin de détourner la combinaison de l'administration qui les traque, on se jette dans le danger pour vouloir l'éviter, et sans profit pour personne.

Les vices et les passions des hommes sont choses impossibles à guérir. Empêchez-en une de se développer, c'est l'autre qui apparaît ; le mieux, à mon avis, est de laisser chacun libre de ses actions, pour se réserver le droit de les surveiller et de les réglementer toutes, surtout quand de leur exploitation il naît un profit réel pour la société. Quel revenu ne trouverait pas Paris dans cette tolérance, quand on pense qu'à Genève les jeux ont produit 100 millions pendant trois ans, dont 40 millions au maître des jeux, dépensés aussi facilement que gagnés? Pour les maîtres-d'hôtels et commerçants, cette tolérance s'est soldée par un bénéfice double des autres années. Qui ne sait que la part des pauvres y est prélevée chaque soir comme au théâtre, et qu'ils sont de plus l'objet d'une patente spéciale profitable à l'Etat? Grâce à cette réforme, Paris deviendrait bien certainement le centre de l'univers.

Il semble qu'après ce long exposé d'expédients et de projets la tâche soit terminée, et pourtant non. Ce n'est que le côté idéal de la question, pour solder tous ces impôts, acquitter toutes les charges, il faut de l'argent. Comment produire la monnaie et les espèces nécessaires pour mettre tout le monde à même de concourir efficacement au succès de cette œuvre? Là est la question. Je vais essayer de la développer dans cette dernière partie, destinée à résumer tout ce long exposé antérieur, en appuyant mon jugement d'appréciations historiques dont le récit doit mener à la conclusion finale.

Il ne faut donc pas fermer la porte à la fortune, mais au contraire la lui ouvrir partout, et développer les petites libertés acquises, comme on l'a dit; le libre-échange installé sur une plus grande échelle est seul destiné à résoudre ce problème, si nous en jugeons par les résultats qu'il a donnés.

Ainsi, avant les traités de 1859, les exportations en Angleterre étaient de 591 millions; les importations de 278 millions seulement, ce qui donnait en faveur de la France 313 millions. Depuis les traités de 1859, l'exportation est montée à 909 millions, et l'importation a seulement atteint le chiffre de 551 millions, ce qui donne un profit accru de 358 millions.

L'exportation générale en 1849, de 818 millions, atteignait de suite, après la dénonciation des traités, 1 milliard 878 millions, et, en 1869, 2 milliards 175 millions. L'excédant de 1859 à 1869 est donc de 296 millions au profit du système, outre que le droit libre d'entrée interdit toute fraude si facile aujourd'hui, par l'Italie et la Belgique si voisines de frontières par les chemins de fer.

Si nous concentrons notre attention sur un seul produit, nous pouvons facilement calculer, par les résultats obtenus, ceux auxquels on peut prétendre. Les vins, avant les traités, par exemple, frappés à leur entrée d'un droit de 1500 francs, n'entraient en Angleterre qu'en petite quantité; leur consommation dans ce pays ne dépassait pas la quantité de 3479 tonneaux; mais, avec le droit abaissé à 375 francs le tonneau, celle-ci s'est spontanément élevée au chiffre de 25,000 tonneaux. Cette progression intéressante pour plus de la plus grande moitié des habitants de la France qu'elle fait vivre, et variant si subitement de 1 à 8, n'est-elle pas d'un puissant enseignement, et ne dit-elle pas que, si on parvenait à l'abaissement progressif du droit dont cette matière reste encore frappée, son entrée décuplerait et monterait même à un chiffre supérieur? Eh bien, cette augmentation de consommation amènerait forcément une augmentation de production non-seulement favorable au revenu annuel du pays, mais encore du capital lui-même, car elle porterait sur un objet de vil prix et variant de 100 francs, valeur d'une quantité de dix ares de terre en moyenne, à un chiffre équivalant à 800 et 1000 francs : l'industrie agricole c'est celle qu'il faut favoriser, car c'est celle qui fait les grands peuples, Confucius l'a dit, et elle l'école des bonnes mœurs.

Quant aux objets manufacturés, dont l'exportation est montée à 591 millions pendant que l'importation atteignait seulement le chiffre de 313 millions en laissant pour l'exportation un bénéfice de 303 millions, nous en dirons autant. Pour prendre un exemple qui serve de base à notre raisonnement, contentons-nous d'appliquer notre attention sur le coton et voyons les résultats obtenus pour cette matière.

Les cotonnades anglaises fabriquées à la mécanique reviennent à un bas prix, variant de 60 à 70 centimes, la qualité vendable en France de 1,20 à 1,30 jusqu'à 1 fr. 50, pendant que les articles de Tarare, articles de goût pardessus tout, atteignent une valeur double et triple de nos cotonnades vulgaires. Ne reste-t-il pas évident pour tous qu'en échangeant un objet d'une valeur de qualité supérieure contre un autre objet d'une valeur de qualité inférieure, même en quantité égale, le profit reste à celui qui remet à son voisin la qualité supérieure à prix supérieur? Le bénéfice ne grandira-t-il pas encore pour la masse générale, si l'exportation de l'un est encore plus considérable que l'entrée de l'autre?

Voilà les merveilles de la liberté; mais elle est profitable aussi au commerce qui se fonde sur la libre entrée des matières premières; c'est le commerce enfanté par Colbert, à propos duquel il disait qu'il fallait laisser entrer et se contenter de gagner la main-d'œuvre; elle représente la valeur que puise, dans le goût de la fabrication, la production introduite pour recevoir la façon destinée à hausser son prix. De ce nombre sont la soie, le coton et les fers. Ce qu'il faut développer en ce cas, c'est le goût national, afin de multiplier la production; ne pas obliger, en fermant l'accès à ces mêmes matières, les ouvriers à porter ailleurs leur industrie et cette perfection d'artiste qui est l'expression du génie d'un peuple : il faut en profiter et non pas l'exclure.

Du reste accroissez la richesse publique et vous verrez si pour la France seule la dépense des fers ne s'accroîtra pas dans le pays lui-même. Mais on objecte que cette introduction de matières étrangères favorise le progrès des bâtiments étrangers qui les apportent en France, se réservant de remporter les produits manufacturés en complétant leurs chargements avec des denrées nationales; ils écrasent ainsi notre marine commerciale en l'empêchant de se développer.

Si nous considérons d'abord, pour répondre à cet argument, si le génie de la nation est maritime, si la nature de nos besoins porte son génie vers ce genre d'industrie, la réponse sera à moitié faite. Eh bien, nous n'avons en France ni peaux, ni bois, ni viandes salées, ni métaux en quantité prodigieuse, à vil prix ou en assez grande quantité chez nous pour faire le frettage des bâtiments et en faire l'objet d'une exportation productive.

Consultez la raison, elle vous dira que nous n'avons pas de matériaux pour fretter un navire, et surtout moins encore pour faire le lest de nos navires, à moins que vous ne preniez des vins, car on emploie à cet effet les matériaux dépourvus de risques; les draps, les étoffes, les objets de luxe, ne sont point matières suffisantes pour entretenir un commerce maritime; si, par le libre-échange, vous ne développez pas le nombre des substances pondérables à transporter sans risques, la marine sera complétement abattue sans espoir de retour. Je ne connais que la liberté pour nous tirer de là. Sur ce point, écoutez encore l'autorité du plus grand des ministres dont la France s'honore; Sully disait : « Si Dieu a doté les diverses contrées de produits différents, c'est pour entretenir, par l'échange de ses produits, la libre conversation entre tous les hommes. »

Ce qu'il faut supprimer, ce sont les gens qui gênent cette libre conversation, ceux qui les mettent en guerre au dehors, qui les pillent, les ruinent et les exploitent au-dedans, ceux dont parle Juvénal, quand il dit « qu'il a vécu avec les avocats qui comptent pour dîner sur le succès de leur plaidoirie, et dont la faconde est souple comme un soufflet de forge, tandis que le mensonge résonne sur leur lèvres, » dont l'aveugle ambition ne connaît qu'un but, le pouvoir. A peine est-il atteint, qu'ils s'opposent à toutes innovations utiles, n'aspirant qu'au repos, et à l'heure même où ils ont atteint au terme de leurs espérances, ils se trouvent précipités par des bavards de même profession, éternels destructeurs, comme les premiers, de tout ce qui est et n'est pas eux personnellement.

Vous devez à leur génie brouillon l'idée des grèves ; ils ont eu la primauté dans le genre, l'idée des coalitions, les sublimes principes de 89 qui sont le renversement de toute société, de toute idée de famille, de propriété et, comme moyens supérieurs, ces habiles destructeurs n'ont eu que le vol pour expédient, ils ont trouvé le moyen de dérober 5 milliards de propriétés pour solder leur banqueroute ; plus communards en 1824 qu'en 1789, ils s'opposaient à la restitution d'un milliard pour payer un rapt de 5 milliards. Ils sont les dignes prédécesseurs de ceux de 1871. Ceux-ci ont tout brûlé pour refaire le monde et le ramener au travail. Les deux variétés ne valent rien, mais des deux quelle est celle dont le but est le plus moral ?

Eh bien, qu'ils nous aident à réparer le mal fait par leur imprudence ; oubliant toute injure si elle ne dégénère pas en outrage, nous sommes prêts de tout cœur à réparer le mal, résultat qui ne peut s'atteindre que par la grande conquête de nos libertés, comme conclusion de cette proclamation faite de nos droits et que vous avez l'habitude de considérer comme les immortels principes. Pour ce fait, consultons encore l'histoire, elle sera toujours et notre maître et notre guide. Celle de Hongrie nous montre le roi Bela IV, battu par les Mongols, occupé après la retraite des ennemis à cicatriser les plaies du peuple ruiné par les réquisitions et les pillages, supprimer ses administrations et augmenter le nombre des villes libres pour rétablir la sécurité dans son royaume, en leur restituant la libre élection de leurs magistrats, pendant que son successeur, en 1267, mérite le nom de Grand, pour avoir établi des écoles d'enseignement supérieur et délivré de toutes entraves le commerce avec l'Orient.

Mais pour ne pas chercher chez les autres des exemples qui abondent chez nous, l'époque la plus désastreuse de notre histoire est certainement le règne de Charles VI, où subsides, confiscations arbitraires, taxes extraordinaires, pour entretenir le luxe d'une armée beaucoup trop onéreuse dans ce temps, mais nécessitée par les guerres incessantes de la France et de l'Angleterre, et enfin l'entretien d'un personnel administratif par trop considérable pour l'époque et tout à fait inutile, accablaient les imposables sous Philippe le Long ; c'est la vénalité des charges de justice et des droits de scel qui mit le comble à cette affreuse dilapidation. Charles le Bel compléta en grevant, malgré les plaintes légitimes de ses sujets, les marchandises exportées. Le roi Jean est impuissant à comprimer le flot qui l'entraîne, son ministre pratique alors, comme l'abbé Terray plus tard, cette funeste doctrine, que le peuple est une éponge qu'on peut pressurer à merci. Enfin pour vouloir entretenir tout un personnel de fonctionnaires dont le nombre va même toujours croissant, et payer les cours de justice dont la royauté multiplie le nombre, malgré la dureté des temps, on va jusqu'à augmenter l'imposition sur les objets de consommation jusqu'à 8 deniers par livre de toutes marchandises et denrées vendues, et, devant l'insuffisance des moyens, l'assemblée des Etats décrète une capitation réglée d'après la fortune et le revenu de chacun.

Louis XI complète notre abaissement en infusant, dans la magistrature habile qu'il institue, avec le droit d'inamovibilité qu'il lui octroie, ces maximes si funestes qui rendent toute la France à son exemple légiste, mais rusée et perfide.

La France épuisée allait sombrer malgré un retour inopiné sur sa splendeur passée, quand le ciel suscita un génie puissant et vraiment national, Robertet. Pour dégrever le le peuple des lourds impôts qui l'accablent, il réduit le nombre et le prix des charges et rend aux communes une partie de leurs libertés déjà absorbées par l'Etat.

Ceux auxquels on enlève les bénéfices de ces places sont trop jaloux de la perte de leur prérogative pour supporter patiemment cette réforme. Aussi ne tardent-ils pas à susciter, parmi les complaisants qui les écoutent, une haine terrible qui se termine par une accusation contre l'honnête homme qui s'est fait le sauveur de son pays au péril de sa popularité, et qui ne tarda pas à y laisser sa vie. Mais, par un juste retour des choses de ce monde, la postérité impartiale garde aujourd'hui religieusement au nombre des héros de notre histoire sa mémoire respectée, et, pour le récompenser du martyre injustement encouru, elle inscrit, sur la modeste tombe qui recouvre sa froide dépouille, cette simple devise, la seule que doive envier une honnête homme, réellement désireux du bien public : « Il a bien fait et sauvé son pays. »

Ch. DE LAVAL D'ARLEMPDE.

Roanne, imp. Chorgnon.

www.ingramcontent.com/pod-product-compliance
Lightning Source LLC
Chambersburg PA
CBHW070713210326
41520CB00016B/4327